CATALOGUE

D'UNE GRANDE QUANTITÉ

D'ESTAMPES

MODERNES

GRAVÉES POUR LA PLUPART

D'après M⁰ˡˡᵉ Rosa-Bonheur, Landseer, Ansdell, Earl, Herring

ET AUTRES DIFFÉRENTS PEINTRES DE L'ÉCOLE ANGLAISE

PLANCHES GRAVÉES & PIERRES LITHOGRAPHIÉES

DONT LA VENTE AURA LIEU

Par suite de Cessation de Commerce, à Paris, de M. G. [ambart]

HOTEL DES COMMISSAIRES-PRISEURS

RUE DROUOT, 5

SALLE Nº 3, AU PREMIER ÉTAGE

Les Jeudi 6, Vendredi 7 et Samedi 8 Mars 1862

À 2 HEURES PRÉCISES

Par le ministère de Mᵉ **BOUSSATON**, Commissaire Priseur.
rue Le Peletier, 9,

Assisté de M. **CLEMENT**, Marchand d'Estampes de la Bibliothèque
Impériale, rue des Saints-Pères, 3,

Chez lesquels se distribue le présent Catalogue.

EXPOSITION PUBLIQUE

Le Mercredi 5 Mars 1862, de 1 heure à 4 heures.

—

1862

CATALOGUE

D'UNE GRANDE QUANTITÉ

D'ESTAMPES

MODERNES

GRAVÉES POUR LA PLUPART

D'après Mlle Rosa-Bonheur, Landseer, Ansdell, Earl, Herring

ET AUTRES DIFFÉRENTS PEINTRES DE L'ÉCOLE ANGLAISE

PLANCHES GRAVÉES & PIERRES LITHOGRAPHIÉES

DONT LA VENTE AURA LIEU

Par suite de Cessation de Commerce, à Paris, de M. G. [ambart]

HOTEL DES COMMISSAIRES-PRISEURS

RUE DROUOT, 5

SALLE N° 3, AU PREMIER ÉTAGE

Les Jeudi 6, Vendredi 7 et Samedi 8 Mars 1862

A 2 HEURES PRÉCISES

Par le ministère de Me BOUSSATON, Commissaire-Priseur.
rue Le Peletier, 9,

Assisté de M. CLEMENT, Marchand d'Estampes de la Bibliothèque
Impériale, rue des Saints-Pères, 3,

Chez lesquels se distribue le présent Catalogue.

EXPOSITION PUBLIQUE

Le Mercredi 5 Mars 1862, de 1 heure à 4 heures.

1862

CONDITIONS DE LA VENTE

Elle sera faite au comptant.

Les Acquéreurs paieront, en sus des adjudications, CINQ pour CENT, applicables aux frais.

Les planches gravées et pierres lithographiées seront vendues le Jeudi 6 mars, à 4 heures précises.

DÉSIGNATION

PLANCHES GRAVÉES

ET

PIERRES LITHOGRAPHIÉES

1 — La Fête-Dieu ; la Fête de la Vierge. — Deux sujets peints par Brion et gravés à la manière noire par Jazet. Deux cuivres de 72 cent. de hauteur sur 55 de largeur, avec 33 épreuves.

2 — Une fille d'Ève ; Une fille de l'air. — Deux sujets peints par Beaume et gravés à la manière noire par Garnier. — Deux planches d'acier de 55 cent. de hauteur sur 40 cent. de largeur, avec 82 épreuves.

3 — Compositions mythologiques et historiques, d'après Nicolas et Gouaspre Poussin. — Douze planches de différents formats, gr. in-fol. obl., gravées sur cuivre ; plusieurs sont non terminées.

4 Exposition française. Collection de sujets lithographiés d'après des tableaux de peintres fran-
çais, par différents artistes.

1º Frère et Sœur, d'après E. Frère, par Gilbert;

2º La Jeune Mère, d'après Plassant, par Sirouy;

3º Paysage, Effet du matin, d'après Th. Rous-
seau, par J. Laurent;

4º Michel-Ange visitant le Titien, d'après Rob.
Fleury, par Soulange-Teissier;

5º La Fille du Marinier, d'après Isabey, par
Sirouy;

6º Fleurs et Fruits, d'après Saint-Jean, par L.
Laroche;

7º L'École de village, d'après Lenfant de Metz;

8º Le Pâtre des prés salés, d'après J. Dupré,
par Didier;

9º Vue de Venise, d'après Léon, par L. Sabatier;

10º Le Bain de pied, d'après Fichel, par Dufour-
Mantelle;

11º Les Lansquenets, d'après Meissonnier, par
Sirouy;

12º L'Hiver en Hollande, d'après Lepoitevin,
par Sirouy;

13º Fraîchement décoré, d'après Viard, par
Charpentier;

14º Poste restante, d'après Viard, par Vibert;

15º Jeune étudiant, d'après Duverger;

16º La Couturière, d'après E. Frère, par Mon-
trel;

17º La Dernière Nouvelle, d'après Chavet, par Charpentier.

Dix-sept pierres de 37 cent. sur 27, avec 3526 épreuves; plus, deux pierres pour la couverture.

5 — La Vie du Christ, lithographiée en hauteur par J. Jacott, d'après Overbeck. — 12 pierres de 48 cent. sur 37; plus, une pierre pour le titre, avec 683 épreuves sur papier de Chine.

6 — La Prière du soir, lithographiée par Charpentier, d'après Gallet. — Une pierre de 56 cent. sur 45, avec 161 épreuves.

7 — Assassinat du Régent, lithographié à deux teintes. — Une pierre de 48 cent. sur 37; plus, une pierre de même dimension pour la teinte.

8 — Les Enfants d'Édouard. — Une pierre de 54 cent. sur 44.

8 bis — Fée aux roses (Brothers). — Deux pierres de 65 cent. sur 48.

9 — Mélodie Irlandaise. — Deux sujets dessinés à deux teintes, de 60 cent. sur 48; plus, deux pierres de même dimension pour la teinte.

10 — Grandes Études, d'après des peintres de l'école Anglaise, lithographiées à deux teintes par Marin-Lavigne. — Douze pierres de 70 cent. sur 24; plus, douze pierres de même dimension pour les teintes.

11 — Grandes Études d'après des peintres de différentes écoles, lithographiées à deux teintes par Ducros. — 21 pierres de 70 cent. sur 54 ; plus, 21 pierres de la même dimension pour les teintes.

12 — Quatre grandes Études en largeur, dessinées à deux teintes par Achille Devéria. — Quatre pierres de 75 cent. sur 59 ; plus, quatre pierres pour les teintes de 70 cent. sur 54.

13 — Trois portraits, lithographiés par M. E. Desmaisons et autres. — Trois pierres de différents formats.

14 — 34 Vues de Londres, lithographiées en couleur, à deux sur chaque pierre. — 17 pierres de 43 cent. sur 32 et de 37 sur 22 ; plus, 34 pierres du même format pour les teintes.

GRAVURES

15 **Ansdell** (d'après). Le Combat (*The Combat*); Cerf attaqué (*The death of the Stag*). — Deux pièces faisant pendant, gravées par Ryall.

16 — La Halte (*The Halt*), gravé par T. Ryall.

17 — Le Retour de la chasse (*Deer stalking Returning*); la Chasse (*Hunting*), gravés par Lucas. — Deux pièces faisant pendant.

18 — Accident de chasse (*Deer stalking Incident, near Balmoral*), gravé par W. J. Davey.

19 **Ansdell** (d'après). Péchant (*Fishing*) ; Repos
(*Shootinh*), gravés par Simmons et Paterson. —
Deux pièces faisant pendant.

20 — Highland shooting Pony, gravé par Hacker.

21 — The english Gamekeeper, gravé par Stacpoole.

22 — Chiens. — Cinq pièces faisant pendant, gravées
par Ryall.

23 — The nœarest Way in summer time, gravé par
Willmore.

24 **Barrett** (J.) (d'après). Visite de la reine Victoria
aux soldats de retour de Crimée, gravé par T.
Barlow.

25 **Baxter** (Ch.) (d'après). Le Bouquet de beauté
(*The Bouquet of beauty*), gravé par Robinson.

26 — The Rose of Seville, gravé par Jouanin.

27 **Biard** (d'après). Traviata, gravé par Shury.

28 **Rosa Bonheur** (Mlle) (d'après). Le Marché aux
chevaux, gravé par T. Landseer. — Épreuve avant
la lettre.

La même estampe. — Épreuve avec la lettre.

29 — Bouricairos passant les montagnes des Pyré-
nées, gravé par Ch. Lewis.

30 — La Matinée en Écosse (*Morning in the Highlands*), gravé par Lewis.

31 **Rosa Bonheur** (d'après Mⁱˡᵉ). Les Habitants
des montagnes (*Denizens of the Highlands*), gravé
vé par T. Landseer.

32 — The Chalk Waggoner, gravé par E. Goodall.
— Épreuves d'artistes, avant et avec la lettre, sur
papier de Chine et sur papier blanc.

33 — Limier briquet hound, gravé par C. Lewis.

34 **Brooks** (d'après). L'Aurore de l'Amour (*The
Sunshine of Love*), gravé par W. Reynolds.

35 — La Stricte Confidence (*Strictly Confidential*),
gravé par Simmons.

36 — The Mother's blessing ; the Believer's vision ;
Friends in adversity.—Trois planches gravées par
Simmons.

37 — L'Enfance de Shakespeare's, gravé par S.
Bellin.

38 **Burnet** (John). Portrait de Olivier Cromwell.

39 **Cattermole** (d'après). Les protestants présen-
tent leur réforme à la diète de Spire, gravé par
Walker.

40 **Chalon** (d'après). The Water Lilly, gravé par
Robinson.

41 **Thomas** (d'après). Les Quatre âges de la vie,
gravés par J. Smillie.

42 **Delaroche** (P.) (d'après). Richelieu ; Mazarin.
— Deux pièces faisant pendant, gravées par Girard. Très-belles et anciennes épreuves avec l'a-
dresse de Rittner et Goupil.

43 — Derniers moments de la reine Élisabeth (1603),
gravé par Jazet.

44 — Journée du 14 juillet 1789, gravée par Jazet. —
Épreuves avant et avec la lettre.

45 **Dubasty** (d'après). Le Jour de naissance (*The
Birth day*), gravé par Baker.

46 **Dubufe** (E.) (d'après). Jésus-Christ prêchant sa
doctrine ; la Multiplication des pains. — Deux
pièces faisant pendant, gravées par Gautier.

47 **Dyckmans** (d'après). L'Aveugle (*The Blind
beggars*), gravé par Simmons.

48 **Eastlake** (d'après). Jésus pleurant sur Jérusa-
lem, gravé par S. Cousins.

49 — Les Pèlerins, gravé par G. Dow.

50 — La Salutation, gravé par Samuel Bellin.

51 **Faed** (d'après). The Welcome ; Coming events
cast thier shadows before. — Deux planches faisant pendant, gravées par Simmons et Stacpoole.

52 — Highland Mary, gravé par Simmons.

53 — Shakespeare et ses contemporains, gravé par
J. Faed.

54 **Faed** (d'après). Walter Scott en assemblée litté-
raire, gravé par J. Faed.

55 **Frère** (E.) (d'après). Allant à l'école, (*Going to
school*); Prière du soir (*The child's Prayer*). — Deux
pièces faisant pendant, gravées par Simmons.

56 **Frith** (d'après). Le Droit d'aînesse (*Coming of
age in the olden time*), gravé par F. Holl.

57 **Margaret, Gillies** (d'après). Le Passé et le Fu-
tur (*The Post and the Future*), gravé par F. Holl.

58 **Goodal** (d'après F.). Cranmer at the traitor's
gate, gravé par Ed. Goodal.

59 — Les beaux jours de Charles Ier (*The happy days
of Charles the first*), gravé par E. Goodall.

60 **Gosse** (d'après). Louis XI demandant la vie à
François de Paule, les Enfants d'Édouard séparés
de leur mère. — Deux pièces faisant pendant, gravées par Rollet et Jazet.

61 — La Création, la Naissance du Christ. — Deux
pièces faisant pendant, gravées par Jazet.

62 **Hannah** (d'après). Harvey démontrant à Charles Ier la circulation du sang, gravé par Henry
Lemon.

63 **Harlow** (d'après). Le Jugement de la reine Catherine, gravé par G. Clint.

64 **Henderson** (d'après). Fores's coaching recol-
lections. — Cinq grandes gravures coloriées par
J. Harris.

65 **Herring** (d'après). Courses de Derby en 1844
(*The start for the memorable Derbg of 1844*), gravée
et coloriée par Ch. Hunt.

66 — Le Rendez-Vous des chasseurs (*Hox Hunting*),
gravé et colorié par Huffam.

67 — Courses nationales (*Fores's national Sports*),
gravé par Harris.

68 — Feeding the horse, gravé par T.-L. Atkinson.

69 — Sujets de chasse (*Sens. fox Hunting*) (J.-F.
Herring's). — Quatre pièces gravées par Harris et
Quentery.

70 — The Cab-Horse (Saint-James); Horse the Cab
(Saint-Giles). — Deux gravures coloriées par
Harris.

71 — Différentes scènes d'écurie. — Trois grandes
gravures coloriées par J. Harris.

72 — Les Quatre Saisons. — Quatre grandes gravures
coloriées par J. Harris.

73 — La Leçon de navigation (*The first Lesson in navigation*), gravé par Simmons.

74 **Hunt & Fils** (d'après). Chevaux de course ga-
gneurs de prix : Saint-Albans, Kettledrum, Gams-
ter, Fisherman, Thormanby, Skirmisher, Blinck-
Bonny, the Promised-Land, Musgid et Inherstress,
d'après Herring, par J. Harris. — Dix pièces.

75 **Jenkins** (d'après). Contre le courant; Avec le
courant. — Deux pièces faisant pendant, gravées
par Robinson.

76 — Retour au foyer, gravé par F. Holl.

77 — **Kaulbach** (d'après). La Destruction de Jéru-
salem, gravé par H. Merz.

78 **Labouchère** (d'après). Luther traduisant la Bi-
ble, gravé par Simmons.

79 **Landseer** (Edwin). Collection de seize eaux for-
tes dessinées et gravées par le maître. (Il manque
le n° 7.)

80 **Landseer** (d'après). Collection de huit eaux for-
tes, dessinées par E. Landseer et gravées par C.
Lewis.

81 — Retour de la chasse (Return from the warren),
gravé par Th. Landseer.

82 — Off to the rescue, gravé par Th. Landseer.

83 — Un membre distingué de la société humaine
(a distinguished Member of the humane society),
gravé par Th. Landseer.

84 — Chien gardant le tombeau de son maître (the
Sentinel), gravé par Th. Landseer.

85 — Alexandre et Diogène (Alexander and Dioge-
nes), gravé par Th. Landseer.

86 — The Pointer, gravé par Th. Landseer.

87 **Landseer** (d'après). Spaniel and Pheasant. Retriever and Woodcock. Deux pièces faisant pendant, gravées par Th. Landseer.

88 — Eos (levrette favorite du prince Albert), gravé par Th. Landseer.

89 — Geneva, gravé par Th. Landseer.

90 — The Children of the mist, gravé par Th. Landseer.

91 — The Stay at bay, gravé par Th. Landseer.

92 — The Moutain torrent, the children of the mist, Tapageur. Trois pièces gravées par Th. Landseer et R. Mitchell.

93 — Sauvé (saved), gravé par S. Cousins.

94 — Le coup de feu au hasard (the Random shot), gravé par C. Lewis.

95 — Le maréchal ferrant, gravé par C. Lewis.

96 — Chevaux au repos (Hunters at grass), gravé par C. Lewis.

97 — The sanctuary, gravé par C. Lewis.

98 — Chasse aux cerfs (the Drive), gravé par C. Lewis.

99 — The cover hack, gravé par C. Lewis.

100 — Colly Dogs, gravé par C. Lewis.

101 **Landseer** (d'après).. The Young Mountaineer, the First Leap. Deux planches faisant pendant, gravées par C. Lewis.

102 — The Twa dogs, the Sleeping Bloodhound, Jack in office suspence. Quatre pièces faisant pendant, gravées par C. Lewis.

103 — The sanctuary, the Challenge. Deux pièces faisant pendant, gravés par C. Lewis.

104 — Le fils du fauconnier (the falconner's son) ; la fille du pêcheur (the angler's daughter), gravés par W. Chevalier et W. Finden.

105 — The Highland drover's departure for the south, gravé par H. Davis.

106 — La prière du berger (the Shepherd's prayer), gravé par Atkinson.

107 L'ambuche (Waiting for the deer to rise), gravé par Th. Ryall.

108 — Le retour de la chasse (deer stalkers returning), gravé par Th. Ryall.

109 — La beauté rustique (rustic beauty), gravé par Simmons.

110 **Landseer**. Portrait de Catherine Seyton, gravé par Simmons.

111 **Lucy** (d'ap. Ch.). Cromwell avec sa fille favorite, gravé par C. Tomkins.

112 **Maclise** (d'ap.). Caxton montrant le premier
spécimen de la gravure au roi Edouard IV, gravé
par Bromley.

113 **Millais** (d'ap. E.). Le royaliste proscrit (the
proscrieb royalist), gravé par Simmons.

114 — Le Huguenot (the Huguenot), gravé par
Barlow.

115 **Montpezat** (d'ap.). Chevaux et voitures. Suite
de quatre pièces gravées par A. Manceau.
Épreuves coloriées.

116 **Plassant** (d'ap.). La visite du médecin, gravé
par J. H. Baker.

117 — Les premiers jeux, gravé par F. Heath.

118 **Phillip** (d'ap.). Le prisonnier, gravé par Barlow.

119 — Quatre portraits de femmes : Séville, Dona Pe-
pita, Rêverie, la Lettre d'amour. Quatre gravures
en manière noire, par Barlow et Simmons.

120 **Raphaël** (d'ap.). Les sept cartons d'Hampton-
court, gravés par Slann et Webbe.

121 **Raphaël, Corrège** et **Barroche** (d'ap.). Le
Spasimo de Sicile, la Madone de Saint-Sixte, la
Vierge à la chaise, la Madelaine et l'Enfant-Jésus.
Cinq pièces gravées par Holl et Lightfoof.

122 **Rankley** et **Stone** (d'ap.). The farwell sermon;
Friendship endangered. Deux pièces gravées par
Egleton et Simmons.

123 **Reni Guido** (d'ap.). L'Immaculée-Conception, gravée par Wat.

124 **Sant** (J. d'ap.). La Vignia, gravée par Shury.

125 **Schlesinger** (d'ap.). Peut-on entrer ? (can i come in ?), gravé par Simmons.

126 **Schlesinger** et **Halliday** (d'ap.). L'anneau de mariage (the measure fort the wedding ring), et l'Image de maman, (the image of mamman), gravées par Simmons. Deux planches faisant pendant.

127 **Solomon** (d'ap.). Le départ, le retour. gravé d'après Solomon, par Simmons.

128 — Le lion amoureux, gravé par Simmons.

129 **Franck Stone** (d'ap.). Les bons conseils (the gentle warning), gravé par S. Bellin.

130 — Le duo (the duet), gravé par Simmons.

131 — La sympathie (sympathy), gravé par E. L. Atkinson.

132 — Vieux style et ville, histoire (the old story, the old stile), gravés par Simmons et Chant. Deux sujets faisant pendant.

133 **Troyon** (d'ap. M.). Les bords de la Seine, gravé par Ch. Lewis. — Epreuve avant la lettre.

134 — La même estampe. — Epreuve avec la lettre.

135 — **Turner** (d'ap.). The approach to venice, gravée par R. Wallis.

136 — Vues de Hasting et de Douvres, gravées par Wallis et Willmorre.

137 **Vernet Horace** (d'ap.). Le jour de Pâques, gravé par Jazet.

138 — Eliezer et Rebecca, gravé par Jazet. Epreuve avant la lettre.

139 — Napoléon III et le général Changarnier. Deux pièces gravées par Jazet.

140 **Léonard de Vinci** (d'ap.). La Cène, gravée par Dick.

141 **Webster** (d'ap.). La Maîtresse d'école (dame school), gravée par L. Stochs.

142 **Wilkie** (d'ap. D.). Le Retour de la chasse, gravé, par W. Finden.

143 **Wilkie** (d'ap.). La Fête de village, gravée par E. Smith.

144 **Winterhalter** et **K. Muller** (d'ap.). Il dolce Farniente, il Decamerone, il Saltarello. Trois pièces gravées par F. Girard et A. Martinet.

145 — Portraits du prince Albert et de la reine Victoria, gravés par Forster et Aristide Louis.

146 — Portraits du prince Albert et de la reine Victoria en costume royal, gravés par Atkinson.

147 **Winterhalter** et **K. Muller** (d'après).
Sainte-Catherine enlevée au ciel. Gravure en
manière noire.

148 — L'Étoile du soir (the vesper bell). Gravure en
manière noire.

149 **Fac-similés de dessins et tableaux**.
Sous ce numéro, il sera vendu par lots, un grand
nombre de fac-similés d'après des tableaux et des
dessins.

LITHOGRAPHIES

150 **Ansdell** (d'ap.). Red deer, Follow deer, Deux
grandes lithographies coloriées, par W. Giles et
Cullach.

151 **Cooper** (d'ap. S.). Les Saisons (the seasons).
Quatre grandes lithographies coloriées, par J. W
Giles.

152 — Notre Troupeau (Our Focks and Herds). Quatre
grandes lithographies coloriées, par J. W. Giles.

153 — Le Troupeau de bœufs, le Troupeau de chèvres.
Deux pièces lithographiées et coloriées, par J. W.
Giles.

154 **Dobson** (d'ap.). Jésus allant à Nazareth, Lithographie par Soulange-Teissier.

155 **Earl** (d'ap.). Les Amis du chasseur. Suite de trois
têtes de chiens, lithographiées par Sirouy. Epreuves
en couleur et en noir.

156 — Le Boxeur, Attila, Dignité, le Mendiant, l'Attente,
Satisfaction. Suite de six têtes de chiens, lithographiées par Soulange-Teissier. Epreuves en couleur
et en noir.

157 — Earl's sporting subjects. Quatre têtes de chiens
lithographiées par J. W. Giles. Epreuves en couleur.

158 — Grace before meat, Grace after meat, lithographiées par J. W. Giles. Deux pièces faisant pendant.

159 — Ting, lithographié par Sirouy. Epreuve en couleur et en noir.

160 **Frère** (E. d'ap.). Le Déjeuner au village, lithographié par Sirouy.

161 **Gérôme** (d'ap.). Le Duel après le bal, lithographié par Sirouy. Epreuve coloriée.

162 **Goddan et Topham** (d'ap.). La Moisson, l'Au-
mône à Venise. Deux grandes lithographies coloriées, par Charpentier.

163 **Herring** (d'ap.). La Réunion des amis (The
metting of friends). Grande lithographie en couleur, par J. W. Giles.

164 **Herring** (d'ap.). Les quatre Parties du jour. Quatre sujets sur une même feuille, lithographiés et coloriés à la manière du dessin.

165 — Le Maréchal-Ferrant (the country forge). Grande lithographie coloriée, par Lafosse.

166 — Intérieur de ferme (J. F. Herring's straw yard). Grande lithographie coloriée, par J. W. Giles.

167 — Sujets de chasse, peints et lithographiés en couleur.

168 — J. F. Herring's farm yard. Suite complète de douze lithographies coloriées.

169 **Herring's sporting Sketches.** Seize planches lithographiées et coloriées à la manière du dessin.

170 **Johnston** (d'ap.). Arrestation de John Brown, lithographie par Soulange Teissier.

171 **Lance** (d'ap.). Les quatre parties du jour. 4 sujets de fleurs.

172 — Fruits. Trois grands sujets en largeur, coloriés.

173 **Landseer** (d'ap.). Highland music, lithographie sur papier de Chine, par Soulange-Teissier.

174 **Phillip** (d'ap.). Portrait de la princesse Béatrix, lithographié par Sirouy.

175 — Une famille de Dindons, lithographiée par Soulange-Teissier, d'après Mme Peyrol-Bonheur.

176 **Sant** (d'ap. J.). Favoris. Grande lithographie,
par Fuhr.

177 **Sketches** (d'ap.). Exposition nniverselle de
Londres en 1862, lithographiée par V. Brooks.

178 **Smith** (d'ap.). Innocence, par Charpentier.
Epreuves en noir et en couleur.

179 — L'Adversité, lithographiée par Sirouy, d'après
Tassaert. Epreuves avant et avec la lettre

180 **Taylor** (d'ap. F.). The poultry yard. Grande
lithographie coloriée, par J. West Giles.

181 **Topham** (d'ap.) La Moisson, grande lithographie coloriée. Epreuve avant la lettre.

182 **Troyon** (d'ap.). Retour à la ferme, lithographié
par Soulange Tissier.

183 Le Gué, lithographie par Sirouy.

184 **Wilkie** (d'ap.). La Saisie, le Jour du terme,
Colin-Maillard et l'Aveugle jouant du violon. Quatre
pièces lithographiées.

185 **La Galerie du Luxembourg**, d'après
Rubens. 1 vol. in-fol.

186 **Galérie lithographiée de S. A. R.
Madame la duchesse de Berry.** 2 vol.
in-fol.

187 Soixante-quinze feuilles lithographiées d'après les
anciens maîtres, faisant partie de la galerie de
Munich.

188 Un lot de lithographies de la galerie de Dresde.

189 Un lot de gravures : Loges d'après Raphaël, par Volpato et Morghen.

190 **Enfantillages**, par A. de Beaumont. 1 vol., pl. col.

191 **Les Filleulles des Fleurs**, par A. de Beaumont. 1 vol. rel.

192 **Le Peintre de genre**, par Marohu, 1 vol. cart.

193 **L'Artiste**, album de dessins et tableaux.

194 **Excursion à la Grande-Chartreuse**, par Champin. 1 vol. cart.

195 **Voyage en Sicile**, d'après Garneret. 2 vol. in-fol.

196 **Voyage pittoresque et romantique dans l'Ancienne France**, par le baron Taylor et autres, 3 vol. rel.

197 Trente livraisons du Voyage pittoresque et romantique dans l'Ancienne France, par le baron Taylor.

198 **Voyage dans la mer Noire et le Bosphore**, par H. Durand-Brayer. 1 vol. in-fol. cart.

199 **Trésor de Numismatique et de Glyptique**. 7 vol. in-fol.

200 **L'Enéide**, par Girodet. 1 vol. grand-in-fol. obl.

201 **Vues de Paris**, par J. Arnout. 1 vol. pl. col.

202 Cours élémentaire de Dessin. 2 vol.

203 Cinq têtes d'études, tirées d'après la Vierge de
St-Sixte de Raphaël.

---

204 Sous ce numéro, il sera vendu une grande quantité de Gravures, Lithographies et Albums non
catalogués.

Renou et Maulde, imprimeurs de la Compagnie des Commissaires-Priseurs,
rue de Rivoli, 144.   9748